Für

Datum

Kirche

Pfarrer

Impressum
Denise Fichera Laudano
Lenaustraße 5
45128 Essen

Printed in Poland
by Amazon Fulfillment
Poland Sp. z o.o., Wrocław

20715539R10058